MINISTÈRE DE LA GUERRE

INSTRUCTION DU 28 JANVIER 1917

RELATIVE AUX

PERMISSIONS

ET

CONGÉS DE CONVALESCENCE

LIBRAIRIE MILITAIRE BERGER-LEVRAULT

Éditeurs de l'*Annuaire officiel de l'Armée française*

PARIS | NANCY
5-7, RUE DES BEAUX-ARTS | RUE DES GLACIS, 18

1917

Prix : 75 centimes

MINISTÈRE DE LA GUERRE

INSTRUCTION DU 28 JANVIER 1917

RELATIVE AUX

PERMISSIONS

ET

CONGÉS DE CONVALESCENCE

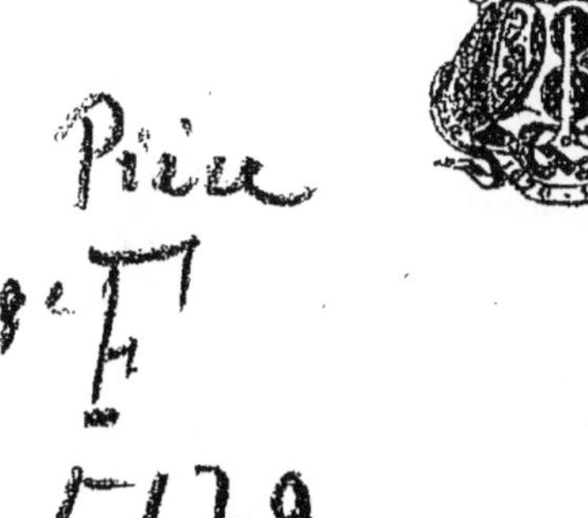

LIBRAIRIE MILITAIRE BERGER-LEVRAULT

Éditeurs de l'*Annuaire officiel de l'Armée française*

PARIS | NANCY
5-7, RUE DES BEAUX-ARTS | RUE DES GLACIS, 18

1917

INSTRUCTION DU 28 JANVIER 1917

RELATIVE AUX

PERMISSIONS

ET

CONGÉS DE CONVALESCENCE

Paris, le 28 janvier 1917.

Le Ministre de la Guerre à MM. le Général commandant en chef les armées du Nord et du Nord-Est, le Général commandant en chef l'armée d'Orient, les Généraux gouverneurs militaires de Paris et de Lyon, les Généraux commandant les régions, le Général commandant en chef les troupes françaises de l'Afrique du Nord, le Commissaire résident général de France au Maroc, le Général commandant les dépôts territoriaux des troupes coloniales.

En raison des modifications nombreuses apportées aux règles fixées par l'Instruction du 18 juin 1916 (*B. O.*, P. S.-P., p. 519), concernant l'octroi des congés de convalescence et des permissions, ainsi que les conditions de transport et la discipline des militaires ayant obtenu un congé de convalescence ou une permission, il est nécessaire de codifier à nouveau, dans un texte unique, toutes les dispositions relatives à ces questions.

Tel est l'objet de la présente Instruction, qui entrera en vigueur le 15 février 1917 pour la France et l'Afrique du Nord, le 20 février 1917 pour l'Afrique Orientale et le Maroc.

PERMISSIONS

I. — Permissions accordées : 1° aux militaires des armées ; 2° aux militaires des régions de la zone des armées stationnés au delà de la ligne de démarcation pour la circulation en chemin de fer, y compris les localités situées sur la ligne (1).

Les permissions que peuvent obtenir les militaires susvisés rentrent dans l'une des catégories suivantes :

---

(1) Cette ligne passe par les gares de Delle, Montbéliard, Lure, Faymont, Plombières, Épinal, Charmes, Nancy, Pont-Saint-Vin-

1. PERMISSIONS DE DÉTENTE. — Dans les conditions fixées par le général commandant en chef (Voir annexe n° 1).

Mention de ces permissions doit être faite sur un feuillet spécial collé à la fin du livret individuel.

2. PERMISSIONS D'UNE SEMAINE DITES DE CONVALES-CENCE. — Tout militaire des armées, malade ou blessé, sortant des formations sanitaires (ambulances division-naires et de corps d'armée exceptées) de la zone des armées, que ces formations soient situées en deçà ou au delà de la ligne de démarcation pour la circulation en chemin de fer, a droit à une permission de sept jours à titre de convales-cence, étant entendu que cette permission ne supprime en aucun cas l'allocation réglementaire de sept jours.

Les militaires sortant des ambulances divisionnaires et de corps d'armée peuvent obtenir des permissions de sept jours à titre exceptionnel, si les médecins chefs de ces for-mations jugent utile de les faire bénéficier de cette mesure, en raison de leur état de santé.

Ces règles ne s'appliquent ni aux dépôts d'éclopés ni aux hôpitaux spéciaux de vénériens. Les malades atteints de la gale, les militaires envoyés dans une formation sanitaire pour y toucher un bandage herniaire ou un appareil den-taire sont assimilés aux malades et blessés admis dans les dépôts d'éclopés et par suite sont exclus du bénéfice des permissions de sept jours à titre de convalescence.

Pour les militaires des bataillons d'Afrique et des sec-tions disciplinaires de division, hors le cas de blessure ou de maladie de guerre nettement caractérisée, l'attribution d'une permission de convalescence reste soumise à l'agré-ment de leur chef de corps.

Les militaires ayant bénéficié d'une permission de sept jours à titre de convalescence ne doivent partir au plus tôt en permission régulière de détente qu'un mois après leur retour de permission de convalescence. Ce retard au départ normal ne doit pas être maintenu pour les départs ulté-rieurs et ces militaires reprennent leur rang comme s'ils étaient réellement partis à l'échéance régulière de leur tour normal.

Les militaires envoyés en permission de sept jours à titre de convalescence par les formations sanitaires de la zone des armées doivent rejoindre à l'expiration de leur permission la gare régulatrice qui, au départ, a timbré leur permission et non le dépôt de leur corps.

Au cas où cette permission aurait été timbrée par l'an-nexe d'une gare régulatrice, le permissionnaire doit re-joindre, pour être réarmé et rééquipé, cette gare régula-trice elle-même.

---

cent, Barisey, Vaucouleurs, Gondrecourt, Bar-le-Duc, Vitry-le François, Châlons-sur-Marne, Épernay, Château-Thierry, Mareuil-sur-Ourcq, Crépy-en-Valois, Senlis, Creil, Saint-Just-en-Chaussée, Amiens, Abbeville, Boulogne, Calais.

3. Permissions agricoles. — Les G. V. C. stationnés au delà de la ligne de démarcation pour la circulation en chemin de fer et les R. A. T. des classes 1889, 1890, 1891, 1892, peuvent obtenir des permissions agricoles dans les conditions fixées par le général commandant en chef.

Ces permissions tiennent lieu de permissions de détente et mention doit en être faite sur le feuillet spécial du livret individuel visé à l'article 1.

4. Permissions exceptionnelles. — Soit pour mariage, soit pour naissance d'un enfant légitime ou reconnu, soit pour décès ou maladie grave de père, mère, femme, enfants, ou frère blessé à l'ennemi ou mort pour la France, soit pour revoir des parents (père, mère, femme, enfants) de retour de captivité ou évacués des régions envahies. Ces permissions sont accordées dans les conditions fixées par le général commandant en chef. Les bénéficiaires de ces permissions doivent fournir obligatoirement, à leur retour à l'unité, un certificat de la gendarmerie attestant la réalité du fait ayant motivé l'octroi d'une permission à titre exceptionnel.

En raison de la durée du voyage et du nombre limité de places sur les paquebots, les militaires des armées domiciliés en Corse, aux colonies et dans les pays étrangers au delà des mers ne peuvent obtenir la permission de trois jours accordée à l'occasion de la naissance d'un enfant. Toutefois, ils ont droit à trois jours supplémentaires de permission, lors de leur premier envoi en permission au tour normal après la naissance de l'enfant et peuvent être autorisés à devancer leur tour de départ par permutation volontaire avec un camarade de leur unité.

Les permissions sus-indiquées sont accordées aux militaires indigènes de l'Afrique du Nord dans les conditions fixées par la circulaire n° 15027, du 29 juillet 1915, du général commandant en chef les armées françaises; elles sont toujours subordonnées à l'avis du chef de corps intéressé et ne peuvent être données qu'à destination de la résidence de la famille du titulaire.

5. Dispositions communes. — *Conditions de transport.* — La gratuité du voyage en chemin de fer, et le cas échéant en paquebot, est de droit pour tous les permissionnaires.

En outre, sur la présentation de la permission, des bons de convois sont délivrés aux permissionnaires ayant un trajet d'au moins 20 kilomètres à effectuer sur des routes desservies par des voitures publiques, à l'exclusion des chemins de fer.

Ces bons leur sont remis soit par les commissaires militaires, soit, à défaut, par les chefs de gare; en Algérie, par les commandants d'armes.

En Corse, au lieu d'un bon de convoi, ils reçoivent l'indemnité kilométrique en voiture publique au taux de 0f 125.

6. Titre de permission. — Tous les permissionnaires

reçoivent un titre spécial de permission qui, dans les conditions exposées ci-dessus, leur assure la gratuité de transport par la voie ferrée (grands réseaux ou réseaux secondaires) pour une destination unique.

7. Toutefois, pour les permissions de détente, lorsque les parents du permissionnaire d'une part, sa femme et ses enfants d'autre part, n'ont pas la même résidence, le titre peut comporter deux destinations (trois à titre exceptionnel et moyennant justification).

Les diverses destinations doivent se trouver, toutes deux ou toutes trois, soit dans la France continentale (y compris les petites îles), soit en Corse, soit dans l'Afrique du Nord, soit en Grande-Bretagne, soit en Italie.

8. Le corps enlève et détruit la deuxième feuille de la permission, si le permissionnaire ne se rend que dans une seule localité, ou le coupon correspondant à la troisième destination, s'il se rend dans deux localités seulement.

9. En ce qui concerne les militaires indigènes, ils doivent toujours être munis d'un titre de permission à trois destinations.

La destination exacte est indiquée toutes les fois que les documents en la possession de l'intéressé ou ses affirmations permettent de l'établir.

Dans le cas contraire, le port de débarquement est indiqué comme première destination; les deux feuillets blancs permettent au sous-intendant ou à son suppléant d'indiquer la destination définitive.

Toutefois, pour justifier la présence, entre les mains du permissionnaire, sur la première partie du trajet, d'un titre de permission à trois destinations, alors qu'une seule destination est portée sur le titre, le corps mentionne sur le titre de permission que le titulaire peut être autorisé par les autorités militaires du port d'embarquement ou d'Algérie à se rendre à une deuxième ou à une troisième destination.

10. Sur toutes les parties du titre qui n'ont pas été enlevées, le corps ou service doit marquer :

Le corps et l'unité;

Le grade;

La décoration du titulaire en ce qui concerne les sous-officiers et soldats décorés de la Légion d'honneur ou de la Médaille militaire, auxquels ces décorations confèrent les avantages prévus par les articles 17 et 67;

La ou les gares destinataires;

Un numéro d'ordre.

En outre, dans la partie supérieure, il inscrit le nom.

Pour les militaires voyageant à leurs frais, il détache la partie inférieure de la première feuille et la deuxième feuille ajoutées, pour permettre la liquidation des frais de transport.

Les permissionnaires doivent faire timbrer leur permission dans les gares, d'après les indications qui sont portées au verso du titre.

Au départ, la gare régulatrice ou son annexe appose son timbre à date, non seulement sur la case B, mais encore sur une case réservée à cet effet dans la partie supérieure du titre.

Comme ces permissions servent de titres de transport, les permissionnaires ne peuvent refuser de les montrer aux agents des chemins de fer toutes les fois qu'ils en sont requis.

11. Durée de la permission. — Le nombre de jours porté sur le titre est celui que le permissionnaire est autorisé à passer réellement à destination. Il se compte à partir de 0^h 1 le lendemain du jour de l'arrivée à la gare qui dessert la localité destinataire ou de première destination.

Les permissionnaires doivent donc faire timbrer leur permission avant de sortir de la gare qui dessert la localité destinataire ou de première destination.

Lorsque les permissionnaires, pour se rendre à destination, doivent emprunter une voiture publique, la date apposée par la gare dans les cases C et D sera celle du plus prochain départ de la voiture.

Si un permissionnaire néglige de procéder ainsi, il n'est pas porté de date sur la case D lorsqu'il présente son titre. L'absence de date sur la case D suffit donc à déceler une fraude d'un permissionnaire, lequel encourra les sanctions les plus sévères. Dans ce cas, la durée de la permission est calculée du jour indiqué par le timbre de la gare régulatrice.

Les agents de chemins de fer qui n'auraient pas soin de timbrer les permissions avant que le militaire soit sorti de la gare desservant la localité destinataire, ou qui les timbreraient d'une date postérieure à la date d'arrivée réelle, seront, selon le cas, l'objet de sanctions disciplinaires ou administratives des plus sévères.

12. Lorsque le permissionnaire, à une gare de correspondance, aime mieux se rendre à pied à destination qu'attendre le train correspondant, c'est à cette gare et non à la gare de destination que la permission doit être timbrée. En ce cas, l'agent de la gare ajoute de sa main, à côté du timbre, la mention : « A défaut de correspondance », appuyée de sa signature, et retire le coupon.

13. Lorsque le permissionnaire emprunte un réseau secondaire dont la gare est distincte de celle du grand réseau, la gare de transit du grand réseau appose son timbre au-dessous de la case D et celui du réseau secondaire sur la case D. L'écart entre la date de ce timbre et du timbre D permet d'apprécier si le permissionnaire a utilisé les trains normalement en correspondance. Le défaut du timbre D établit que ce militaire n'a pas utilisé le chemin de fer en quittant le grand réseau, et, dans cette éventualité, la durée de la permission est déterminée par la différence entre les dates des deux timbres apposés dans la partie supérieure du titre.

14. Pour le retour, à l'expiration de la permission, les permissionnaires prennent après minuit le premier train qui assure la correspondance avec l'express de permissionnaires. Toutes les fois que cela est possible, l'employé chargé du timbrage des permissions à l'arrivée indique sur le titre l'heure du train que le permissionnaire doit utiliser au retour.

15. Le droit de se rendre à plusieurs destinations n'allonge pas la durée réglementaire de la permission. Le permissionnaire quittant la gare de deuxième ou troisième destination pour retourner au front doit quitter cette gare dans les mêmes conditions que s'il y était arrivé à la date où il est arrivé à la gare de première destination.

16. Les agents du chemin de fer placés à l'entrée des quais doivent vérifier soigneusement la date portée sur la permission (case F). Si cette date n'est pas celle du jour où les permissionnaires se présentent, le premier timbrage est considéré comme sans valeur. Le timbrage est annulé et remplacé par celui du jour. Le nouveau timbrage est porté à droite du mot « jours ». L'apposition d'un timbre à date à cette place suffira donc à déceler une fraude d'un permissionnaire qui s'est présenté à la date normale du départ, mais n'a pris le train qu'un ou plusieurs jours après.

17. Trains a employer. — Des trains spéciaux à marche d'express sont organisés sur les principaux courants de transport. Au départ du front et pour le retour vers le front, les permissionnaires doivent les emprunter sur toutes les parties du parcours où ils existent, sous peine de perdre leur droit à la gratuité du transport et, en outre, d'être l'objet d'une punition disciplinaire. Au départ du front et pour le retour vers le front, ils ne peuvent utiliser les trains ordinaires de voyageurs de l'exploitation que pour les seules sections non parcourues par ces trains spéciaux.

Par exception à cette règle, sont autorisés à employer sur la totalité du parcours les trains de voyageurs de l'exploitation :

a) Les officiers, adjudants-chefs, adjudants, assimilés et aspirants;

b) Les gendarmes;

c) Les sous-officiers et soldats décorés de la Légion d'honneur ou de la Médaille militaire;

d) Les militaires appartenant aux unités dépendant des armées et stationnés dans la zone de l'intérieur; leur permission doit porter la mention à l'encre rouge : « Formation du front stationnée à l'intérieur », suivie de la signature du commandant de l'unité;

e) Les marins embarqués et les hommes appartenant à
l'aviation maritime qui partent en permission avec une
indemnité de route et paient leur place;

f) Les militaires ayant obtenu une permission à titre
de convalescence et dont le titre même porte la mention :
« Convalescent autorisé à voyager par les trains de l'exploitation », inscrite par le chef de corps et appuyée de sa
signature et de son cachet;

g) Les militaires appartenant à certaines formations de
la zone des étapes, désignées par les commandants d'armées, d'accord avec les commissaires régulateurs; leur
permission doit porter la mention : « Autorisé à voyager
par les trains de l'exploitation », inscrite par le chef de
corps et appuyée de sa signature et de son cachet.

18. Des affiches apposées dans les gares et les indicateurs
spéciaux envoyés aux armées et aux régions donnent tous
les renseignements nécessaires sur les express spéciaux mis
en marche pour les permissionnaires, les correspondances
assurées, les points à partir desquels les permissionnaires
utilisent les trains normaux de l'exploitation.

19. Les express spéciaux sont tracés de manière à acheminer les permissionnaires entièrement par voie ferrée sans
traverser Paris. En conséquence, *aucun* permissionnaire, à
l'exception de ceux à destination de Paris ou de sa banlieue,
ou de ceux à destination d'autres localités qui sont autorisés à voyager par les trains ordinaires de l'exploitation,
ne doit passer par Paris sans s'exposer aux sanctions les
plus rigoureuses.

20. AUTORISATION DE SE DÉPLACER AU COURS D'UNE
PERMISSION. — Les permissionnaires doivent se rendre
directement sans arrêts dans la localité pour laquelle ils ont
demandé leur permission.

Les permissionnaires qui n'ont demandé leur permission
que pour une seule destination et qui désirent se rendre
dans une autre localité doivent demander l'autorisation
au général commandant la subdivision ou, à défaut, au
commandant d'armes ou, à défaut, à la gendarmerie dont
relève la localité mentionnée sur le titre de permission.
Cette autorisation ne peut être accordée qu'à titre exceptionnel et pour des raisons sérieuses.

Elle fait l'objet d'un nouveau titre de permission comportant l'obligation pour le bénéficiaire de voyager à ses frais
au tarif militaire.

En principe, le titulaire de cette nouvelle permission est
tenu de rentrer au lieu de la permission primitive à ses
frais, avant son expiration.

Exceptionnellement, c'est-à-dire quand la localité où se
rend le permissionnaire n'est pas plus éloignée du front
que celle portée sur le titre, il peut être autorisé à rejoinre
directement son corps au départ de la localité destination
de la seconde permission. Cette autorisation est donnée

par l'autorité militaire qui a autorisé le déplacement. Dans ce cas, le voyage de retour est effectué au moyen du titre primitif gratuit délivré par le corps, cette nouvelle localité se substituant à la localité destination de la permission primitive, pour toutes les dispositions concernant le voyage de retour; notamment en ce qui concerne les délais, le permissionnaire doit quitter la gare desservant le lieu de seconde permission au plus tard le lendemain du jour de l'expiration de la permission primitive, par le premier train qui assure, à partir de 0 heure, la correspondance avec l'express de permissionnaires.

Ce voyage de retour doit s'effectuer avec emprunt des express spéciaux de permissionnaires sur toutes les parties du trajet où ils existent, avec interdiction absolue de passer par Paris.

Sous aucun prétexte, l'autorisation de se déplacer ne peut être accordée ni aux permissionnaires qui ont demandé leur permission pour deux ou trois destinations, ni plus d'une fois au cours d'une même permission.

Le permissionnaire doit rapporter au corps les deux titres de permission.

21. L'autorisation de déplacement est libellée sous la forme suivante :

« Le (nom, grade, corps) est autorisé à se rendre à ses frais au tarif militaire à (localité A).

« Il doit être de retour à (localité désignée sur la permission primitive) au plus tard le (date de l'expiration de la permission primitive).

« Il effectuera à ses frais le voyage de retour comme celui de l'aller. »

Ou bien :

« Le (nom, grade, corps) est autorisé à se rendre à ses frais au tarif militaire à (localité A).

« Il devra rejoindre directement son corps au départ de (gare desservant la localité A) qu'il devra quitter au plus tard le (date du lendemain de l'expiration de la permission primitive). »

22. Ces dispositions sont applicables aux officiers comme aux autres permissionnaires, sauf qu'ils n'ont pas à solliciter d'autorisation pour les déplacements qu'ils ont l'intention d'effectuer au cours de leur permission.

La présentation du titre de permission délivré par le corps leur permet de se faire délivrer des billets au tarif militaire.

23. Prolongations. Conditions dans lesquelles elles sont accordées. — Les permissionnaires du front ne peuvent être autorisés à prolonger leur séjour à l'intérieur qu'à titre absolument exceptionnel, pour raisons de santé ou de famille, et dans les conditions ci-dessous exposées :

a) *Raisons de santé.* — Les permissionnaires du front qui

demandent une prolongation pour raisons de santé sont soumis à une visite médicale; ceux dont l'état ne permet pas le retour aux armées sont envoyés dans une formation sanitaire de leur localité ou de la localité la plus voisine, pour y être soignés pendant tout le temps nécessaire.

Sur le bulletin d'admission à l'hôpital délivré par le médecin de la place, mention doit être portée que ces militaires sont des permissionnaires du front.

Exceptionnellement, quand la gravité de la maladie paraît le motiver, le militaire intéressé peut obtenir un congé de convalescence à sa sortie de l'hôpital.

b) *Raisons de famille.* — Les demandes de prolongation pour raisons de famille ne sont pas transmises sur le front aux chefs de corps, qui ne possèdent aucun élément d'appréciation, mais sont instruites par les généraux commandant les subdivisions de régions qui statuent après enquête. Elles ne peuvent être accordées que pour les cas donnant droit à des permissions exceptionnelles, comme il est spécifié à l'article 4.

24. Dispositions diverses. — Toute prolongation de séjour à l'intérieur d'un permissionnaire du front, soit pour raisons de santé, soit pour raisons de famille, donne lieu à l'établissement immédiat d'un compte rendu motivé, que la subdivision envoie directement, par la voie postale, au corps ou service intéressé.

Au sortir de la formation sanitaire où ils ont été hospitalisés, ou à l'expiration de leur congé de convalescence ou prolongation de permission, tous les militaires permissionnaires du front ayant, à titre exceptionnel, prolongé leur séjour dans la zone de l'intérieur, sont dirigés sur la gare régulatrice par laquelle ils sont arrivés, et non sur le dépôt de leur corps, sauf ceux qui sembleraient susceptibles d'une réforme définitive ou temporaire, ou d'un classement dans le service auxiliaire, et qui sont dirigés sur le centre spécial de réforme le plus proche.

II. — Permissions de l'armée d'Orient et de Corfou.

25. Les militaires de l'armée d'Orient ont droit à une permission de vingt et un jours par an, délais de route non compris, et comportant la gratuité du transport par la voie de terre et par eau.

Les indications données au deuxième alinéa de l'article 4 s'appliquent aux militaires de l'armée d'Orient et de Corfou.

26. Les hommes sont munis d'un titre de permission spécial à coupons détachables servant d'ordre de transport du port de débarquement à leur gare de destination. Ce titre doit être seul employé à l'exclusion de tous autres.

Les indications données aux articles 5 à 10 sur le titre de permission s'appliquent aux permissions de l'armée d'Orient et de Corfou.

Outre le nom et le grade, ces permissions spécifient la classe où peut voyager le détenteur du titre :
  a) Classe sur le chemin de fer;
  b) Classe sur les bateaux.

27. La durée inscrite sur le titre de permission représente le nombre de jours pleins que l'homme est autorisé à passer chez lui, à partir de $0^h 1$ le lendemain du jour où il arrive à la gare destinataire.

28. Les règles prescrites aux articles 20 à 24 sont applicables aux permissions de l'armée d'Orient et de Corfou.

III. — Permissions du Maroc.

29. Les militaires du Maroc ont droit à une permission de vingt et un jours par an, délais de route non compris, et comportant la gratuité du transport par la voie de terre et par eau.

Les prescriptions des articles 25 à 28 s'appliquent aux permissionnaires du Maroc.

IV. — Permissions accordées aux militaires de la zone de l'intérieur et aux militaires des régions de la zone des armées autres que ceux mentionnés au titre I.

Les permissions que peuvent obtenir les militaires susvisés rentrent dans l'une des catégories suivantes :

30. PERMISSIONS DE DÉTENTE. — Accordées aux militaires susvisés conformément aux instructions de la circulaire du 23 octobre 1916 (*B. O.*, P. S.-P., p. 829).

Mention de ces permissions doit être faite sur le feuillet spécial du livret individuel visé à l'article 1.

31. *Durée.* — La durée de ces permissions est augmentée de délais de route calculés de la façon suivante :

Pour un trajet total aller et retour égal ou inférieur à 400 kilomètres, il n'est accordé, comme par le passé, aucun délai de route;

Pour un trajet total aller et retour de 401 à 800 kilomètres, il est accordé un jour;

Pour un trajet total aller et retour de 801 à 1.600 kilomètres, il est accordé deux jours;

Pour un trajet total aller et retour de 1.601 à 3.000 kilomètres, il est accordé trois jours;

Pour un trajet total de 3.001 kilomètres et au-dessus, il est accordé quatre jours.

32. *Conditions de transport.* — La gratuité du voyage pour une destination unique est accordée dans les conditions fixées à l'article 5.

33. La veille du départ des permissionnaires, les dépôts demandent aux chefs de gare les billets nécessaires, les paient et les remettent aux permissionnaires.

Chaque permissionnaire reçoit soit un billet d'aller et retour, soit deux billets, l'un pour l'aller, l'autre pour le retour. Dans le second cas, le billet de retour porte au verso la mention : « Retour à..... (nom de la gare de départ). »

Lorsque les permissionnaires se rendent dans une localité pour laquelle le chef de gare ne peut délivrer de billet militaire ils reçoivent, par les soins du corps, deux ordres de transport : l'un pour l'aller, l'autre pour le retour; sur ces ordres de transport doit être portée la mention : « Permissionnaire à taxer au quart militaire » et l'indication de la classe dans laquelle le permissionnaire doit voyager (Voir art. 67).

Pour les officiers d'état-major et les officiers sans troupe, il doit être fait usage exclusivement des ordres de transport. Il en est de même pour les hommes de troupe, lorsque des difficultés sérieuses s'opposent à ce qu'il soit pris des billets.

Suivant le cas, le corps inscrit sur les titres de permission la mention : « Billets remis », ou : « Ordres de transport remis. »

34. Permissions de vingt-quatre heures. — Accordées les dimanches et jours fériés, dans des proportions très restreintes (qui ne doivent en aucun cas dépasser 10 % de l'effectif présent pour les régions de la zone des armées, 20 % de l'effectif présent pour la zone de l'intérieur) et à titre d'encouragement; le voyage a lieu aux frais des permissionnaires, au tarif militaire.

En principe, les permissionnaires de vingt-quatre heures ne peuvent ni partir avant 16 heures ni rentrer après minuit.

En cas d'exception justifiée, la mention de l'heure à laquelle le militaire est autorisé à partir ou à rentrer est indiquée sur le titre de permission et appuyée de la signature du chef de corps ou de service.

35. Permissions d'une semaine, dites de convalescence. — Accordées aux militaires évacués du front pour blessure ou maladie et aux militaires provenant de la zone de l'intérieur blessés en service commandé, à leur sortie, suivant le cas, soit des hôpitaux militaires ou temporaires, soit des dépôts de physiothérapie, avant qu'ils ne rejoignent le dépôt de leur corps. Ces permissions, qui ne sont jamais prolongées ni renouvelées, doivent être considérées comme un droit, étant entendu qu'elles ne suppriment en aucun cas l'allocation de la permission de détente.

36. *Durée.* — La durée de ces permissions, qui comprend le voyage aller et retour, est augmentée des délais de route calculés comme il est spécifié à l'article 31. Pour les militaires qui vont passer leur permission en Corse ou en Algérie, Tunisie, Maroc, la semaine compte du jour exclu du débarquement en Corse ou en Afrique au jour exclu du rembarquement.

37. *Conditions du transport.* — Il est gratuit; les permissionnaires reçoivent les ordres de transport nécessaires pour le trajet d'aller jusqu'au lieu où ils passent leur convalescence et, pour le trajet de retour, depuis le lieu où ils ont passé leur convalescence jusqu'au dépôt du corps (Voir art. 57).

L'ordre de transport du trajet de retour doit porter la mention : « A taxer au quart militaire. »

Les permissionnaires d'une semaine ont droit :

a) Pour les journées de déplacement, aller et retour, à l'indemnité journalière au titre des frais de déplacement à l'exclusion de la solde et des prestations accessoires d'alimentation;

b) Pour les autres journées, à la solde et à l'indemnité représentative de vivres, au titre de la solde, si la blessure a été reçue ou la maladie contractée au cours des opérations de guerre.

38. PERMISSIONS AGRICOLES. — Accordées conformément aux instructions de l'État-major de l'armée (1er Bureau).

Chaque permission agricole doit être d'une durée au moins égale à sept jours et tient lieu d'une permission de détente.

Mention doit en être faite sur le feuillet spécial du livret individuel visé à l'article 1.

Le voyage est gratuit. Il s'accomplit dans les conditions indiquées aux articles 32 et 33.

39. PERMISSIONS EXCEPTIONNELLES. — Accordées aux militaires susvisés conformément aux instructions de la circulaire du 23 octobre 1916 (*B. O.*, P. S.-P., p. 829). Le voyage est gratuit et s'accomplit dans les conditions indiquées aux articles 32 et 33.

40. DISPOSITIONS COMMUNES AUX PERMISSIONS VISÉES AU CHAPITRE IV. — 1° Sous aucun prétexte, le titre de permission spécial aux militaires mentionnés aux chapitres I, II, III ne doit être utilisé pour les permissionnaires mentionnés au chapitre IV.

Si, par hasard, cette prescription n'est pas observée, l'employé qui découvre l'erreur au départ doit refuser le titre, le retirer et l'adresser au 4e Bureau de l'État-major de l'armée, mais si c'est en cours de route ou à destination que l'erreur est découverte, l'employé se borne à signaler sur son rapport le corps et le nom du militaire détenteur de la permission irrégulière; ces indications sont transmises à la Commission du réseau intéressée;

2° Les sous-officiers ou soldats en permission n'ont pas le droit de quitter la localité pour laquelle la permission leur a été accordée sans l'autorisation du général commandant la subdivision ou, à défaut, du commandant d'armes ou, à défaut, de la gendarmerie.

Cette autorisation n'est accordée qu'à titre exceptionnel et pour des raisons sérieuses.

Elle doit être portée sur le titre de permission sous la forme suivante : « Autorisé à se rendre à..... » suivie du titre, de la signature et du cachet de l'autorité militaire.

Tous les déplacements autres que le voyage qui devait être normalement effectué ont lieu aux frais du permissionnaire au tarif militaire.

Sous aucun prétexte, l'autorisation susvisée ne peut être accordée plus d'une fois au cours d'une même permission;

3º Ces permissions ne peuvent être prolongées ou renouvelées. Toutefois, dans les cas exceptionnels prévus à l'article 4, une prolongation peut être accordée par les généraux commandant les subdivisions, aux militaires qui en font la demande, à la condition qu'une enquête préalable en ait prouvé la nécessité absolue;

4º Les titres de permission de l'intérieur doivent indiquer la date (jour et heure) à laquelle le militaire doit rejoindre son unité.

41. Dispositions spéciales aux militaires des dépôts de physiothérapie. — Ces militaires bénéficient des permissions prévues aux articles 34, 35 et 39.

42. Dispositions spéciales aux militaires indigènes de l'Afrique du Nord. — Ces militaires peuvent bénéficier de permissions de détente sous certaines conditions qui ont fait l'objet d'instructions aux commandants des 15e, 16e et 18e régions.

Dans les formations sanitaires et dépôts de passage en France, il peut leur être accordé des permissions de la journée ou de l'après-midi.

Des permissions exceptionnelles pour événements graves de famille ne peuvent leur être accordées que sur autorisation spéciale du ministre (État-major de l'armée; section d'Afrique).

Les militaires indigènes de l'Afrique du Nord sortant des établissements hospitaliers, sans congé de convalescence, doivent être dirigés sur le dépôt de passage de leur corps en France. De là, ils peuvent être envoyés dans leur pays d'origine dans les conditions qui ont fait l'objet d'instructions spéciales du général commandant la 15e région. A leur arrivée à la portion centrale de leur corps en Afrique, ils bénéficient d'une permission d'une semaine.

V. — Discipline des permissionnaires.

43. Dans les trains militaires, il doit toujours y avoir des chefs de wagon et de compartiment.

Les trains de permissionnaires sont accompagnés d'une

garde de police conformément aux instructions de détail
envoyées aux généraux commandant les régions.

Cette garde, commandée par un officier ou un adjudant,
est fournie par les corps actifs ou de réserve. Elle assure le
service pour le voyage d'aller et le voyage de retour.

A tous les arrêts dans une station, le chef de la garde
de police ou le sous-officier doit descendre, et, s'il existe un
commissaire militaire, se présenter à lui et prendre ses
instructions.

Avant le départ, l'officier ou l'adjudant de service fait,
autant que possible, vérifier par le sous-officier, accompagné
d'un agent du chemin de fer, les titres de permission, afin
d'éviter les erreurs de direction. Pour le voyage vers le
front, il fait vérifier en même temps si la date de la case F
est bien celle du jour; si la date n'est pas celle du jour, les
prescriptions de l'article 16 doivent être appliquées.

Aux gares de bifurcation, où les permissionnaires peuvent
trouver des trains de l'exploitation se dirigeant vers Paris,
une surveillance particulière doit être exercée. Toutes indications sur ces gares sont fournies au départ par le commissaire militaire ou le chef de gare, qui remet à l'officier
ou l'adjudant l'horaire du train qu'il accompagne.

Si des militaires méritent une punition, le chef de la
garde de police la porte sur son rapport, avec le motif; de
plus, sur la permission du militaire, il inscrit la mention :
« A été puni par le chef de la garde de police du train de
permissionnaires..... (lettre du train), le..... (signature). » De
plus, si les militaires punis viennent du front, ils sont à
leur arrivée, et sans qu'ils puissent sortir de la gare, renvoyés sur le front.

44. Les commissaires de gare doivent veiller avec le
plus grand soin à l'observation de la discipline pendant
le parcours. Ils prennent les mesures nécessaires pour que
les militaires ne montent pas dans les trains où ils n'ont
pas accès, ou dans les voitures des classes où ils ne sont
pas admis.

Lorsque les fautes contre la discipline se produisent
dans leur gare, il leur appartient de prendre sans faiblesse
toutes mesures nécessaires et, s'il y a lieu, de faire immédiatement une enquête sur les faits qui se sont produits.

45. Tous les dimanches et jours de fête et, en outre,
aussi souvent que possible, dans les gares de l'intérieur,
particulièrement dans les gares où se trouve un commissaire militaire, la gendarmerie doit exercer un contrôle
très strict sur les permissionnaires en stationnement dans
la gare et surtout de passage dans les trains.

Elle porte spécialement son attention sur le titre de permission, sur le train qu'utilise le permissionnaire (si c'est
un permissionnaire du front) et sur la classe où il voyage.

46. Les agents des réseaux de chemins de fer ne doivent
délivrer de billets aux militaires isolés (officiers exceptés)

que sur le vu d'une permission régulière émanant d'une autorité militaire dûment qualifiée et autorisant le militaire à se rendre dans la localité pour laquelle il demande un billet. Toutefois, aux permissionnaires de plus de quarante-huit heures, il peut être délivré des billets au tarif militaire pour se rendre à la gendarmerie desservant leur résidence et revenir à leur point de départ.

Si le militaire n'a pas de titre de permission, les employés ne doivent pas lui délivrer de billet, même à plein tarif.

S'il a un titre d'absence, ils ne doivent lui délivrer de billet que pour la classe où son grade l'admet à voyager.

Sous aucun prétexte, ils ne doivent délivrer de billets sur le vu d'un laissez-passer ou d'une permission qui n'est pas signée d'une autorité militaire.

47. Les militaires venant des armées qui ne sont pas en possession de leur titre de permission sont mis, par les commissaires militaires des gares, à la disposition de la gendarmerie. Toutefois, ceux dont la bonne foi ne paraît pas douteuse sont renvoyés immédiatement sur la gare régulatrice de leur armée et sont confiés à des gradés retournant directement au front, toutes les fois qu'il sera possible de le faire.

Dans les gares qui ne possèdent pas de commissaire militaire, les militaires en situation irrégulière doivent être, si possible, signalés à la gendarmerie ou au commissaire militaire de la gare la plus voisine dans le sens du parcours, qui prend à leur égard les mesures indiquées ci-dessus.

48. Toutes les mesures doivent donc être prises pour éviter que les militaires circulent dans une classe à laquelle ils n'ont pas droit. Un contrôle très sévère doit être exercé sur toutes les lignes, dans les stations et en marche, surtout les samedis, dimanches, jours de fête et veilles de fête. Les noms des délinquants doivent être signalés à l'autorité militaire.

CONGÉS DE CONVALESCENCE

Les congés de convalescence peuvent être accordés pour une durée variant de huit jours à trois mois.

VI. — Militaires relevant des armées.

49. *A qui sont-ils accordés ?* — Les malades ou blessés relevant des armées en traitement dans les formations sanitaires de la zone des armées peuvent, à leur sortie de ces établissements, obtenir un congé de convalescence. Toutefois, les malades ou blessés soignés dans les ambulances de l'avant (ambulances de corps d'armée ou de division) ne doivent obtenir de congé qu'à titre exceptionnel.

 **

Les éclopés, c'est-à-dire les hommes momentanément indisponibles à la suite de fatigue, d'affection médicale peu grave ou de blessure légère de cause accidentelle, n'ont droit à aucun congé et, après guérison, sont dirigés au sortir des dépôts d'éclopés directement sur leur corps en campagne.

50. *Par qui sont-ils accordés?* — Les congés de convalescence sont délivrés :

1° Pour les malades et blessés sortant des formations sanitaires autres que les ambulances de l'avant (ambulances de corps d'armée et de division), par une commission spéciale composée :

Du général commandant la subdivision ou son délégué;

D'un officier;

Du médecin chef de la place.

Ces congés sont accordés dans les mêmes conditions que celles indiquées à l'article 53 pour les militaires relevant des régions de la zone des armées et de la zone de l'intérieur;

2° Pour les malades ou blessés sortant des ambulances de corps d'armée et de division, les demandes de congés sont adressées dans chaque corps d'armée par les médecins chefs des ambulances au général commandant le corps d'armée qui statue.

51. *Mise en route.* — Les militaires envoyés en congé de convalescence reçoivent les ordres de transport nécessaires :

1° Pour le trajet d'aller, jusqu'au lieu où ils passent leur convalescence;

2° Pour le trajet de retour, depuis le lieu où ils ont passé leur convalescence jusqu'à la gare régulatrice desservant le lieu où ont été délivrés les ordres de transport; de même si, envoyés du front en permission, ils ont été hospitalisés pour raisons de santé et ont obtenu ensuite un congé de convalescence.

Les ordres de transport sont délivrés aux militaires titulaires de congés de convalescence par les soins des médecins chefs des formations sanitaires dans lesquelles ils sont traités.

A la gare régulatrice, les militaires rentrant de congé sont rééquipés et armés pour être dirigés de suite sur leur corps au front.

VII. — Militaires relevant des régions de la zone des armées et de la zone de l'intérieur.

52. *A qui sont-ils accordés?* — Ils ne peuvent être accordés qu'aux militaires sortant des hôpitaux et des dépôts de physiothérapie.

53. *Par qui sont-ils accordés?* — Les congés sont délivrés par une commission spéciale composée :

Du général commandant la subdivision ou son délégué;
D'un officier;
De deux médecins experts qui sont, en principe, le médecin chef du centre spécial de réforme et le médecin chef de santé de la place ou leurs représentants spécialement qualifiés.

Les militaires susceptibles d'être envoyés en convalescence, quelle que soit leur provenance, sont dirigés sur le chef-lieu de subdivision le plus voisin, c'est-à-dire le plus rapidement accessible, qu'il s'agisse ou non de la subdivision dont dépend la formation, pour être présentés à la commission de convalescence.

S'il existe dans cette localité un centre spécial de réforme, c'est sur cette formation qu'ils sont évacués; s'il n'en existe pas, c'est sur l'hôpital militaire mixte ou complémentaire désigné à cet effet par le directeur du Service de Santé régional qu'ils doivent être dirigés.

A titre exceptionnel, le médecin chef de l'hôpital de Bourbonne-les-Bains peut également délivrer directement des congés de convalescence aux militaires sortant de cet établissement après la cure thermale.

54. *Mise en route.* — Les militaires envoyés en congé de convalescence doivent recevoir les ordres de transport nécessaires :

1º Pour le trajet d'aller, jusqu'au lieu où ils passent leur convalescence;

2º Pour le trajet de retour, depuis le lieu où ils ont passé leur convalescence jusqu'au dépôt de leur corps.

55. Dispositions communes. — *Destination.* — Les militaires bénéficiaires de congés de convalescence ne peuvent recevoir que deux destinations :

1º Leur famille (femme, enfants, ascendants, tuteurs, etc.). Dans ce cas, la famille doit en faire la demande expresse, dûment certifiée par le maire ou le commissaire de police, sans être tenue de produire un certificat d'hébergement;

2º Les établissements créés par l'Œuvre d'assistance aux convalescents.

Les militaires titulaires d'un congé de convalescence qui sont sans famille, ou que leur famille ne peut recevoir, doivent être dirigés par les soins de l'autorité militaire sur ces établissements. La liste en est tenue dans chaque région par les soins du directeur du Service de Santé.

56. Dans tous les cas, les militaires envoyés en congé de convalescence ont droit, même s'ils sont constitués en détachement :

a) Pour les journées de déplacement, aller et retour, à l'indemnité journalière au titre des frais de déplacement, à l'exclusion de la solde et des prestations accessoires d'alimentation;

b) Pour les autres journées, à la solde et à l'indemnité

représentative de vivres, au titre de la solde, si la blessure a été reçue ou la maladie contractée au cours des opérations de guerre.

57. *a*) Il faut, à l'aller et au retour, un ordre de transport pour le trajet sur les grands réseaux et un par compagnie secondaire empruntée;

b) Sauf pour les officiers, le titre de congé ne peut suffire à obtenir un billet à quart de place, même si le militaire est en tenue.

Un homme de troupe en congé de convalescence qui doit se déplacer doit demander une permission au général commandant la subdivision dont il dépend. La permission lui donne droit au tarif militaire.

58. L'octroi d'un congé de convalescence supprime, dans les conditions indiquées au tableau II, la permission régulière de détente dont le militaire aurait normalement bénéficié s'il n'eût pas été en congé. Mention doit en être faite sur le feuillet individuel visé à l'article 1.

Les militaires se trouvant dans ces conditions doivent être inscrits sur la liste de départ pour leur prochaine permission de détente à compter de leur retour aux armées.

59. *Prolongations.* — Les prolongations de congé de convalescence ne peuvent être envisagées qu'en cas d'absolue nécessité; elles sont accordées exclusivement par la commission spéciale de la subdivision de la résidence des intéressés. Ces derniers doivent se présenter en personne; dans le cas où leur état de santé ne leur permet pas de se présenter, ils doivent adresser une demande de prolongation au commandant de la subdivision de leur résidence, avec attestation d'un médecin et du maire constatant qu'ils ne peuvent se déplacer. La commission spéciale se fait, en outre, renseigner par la gendarmerie; elle peut donner l'ordre de transporter les militaires intéressés sur une formation sanitaire voisine, si leur état de santé le permet.

En fin de prolongation, les militaires du front doivent être dirigés sur la gare régulatrice du lieu où leur a été délivré l'ordre de transport à l'occasion de leur convalescence et non sur le dépôt de leur corps, sauf ceux qui sembleraient susceptibles d'une réforme définitive ou temporaire ou d'un classement dans les services auxiliaires et qui sont dirigés sur le centre spécial de réforme le plus proche.

60. Dispositions spéciales. — Un congé de convalescence d'une durée de un mois au maximum peut être accordé par la commission des congés du port de débarquement aux militaires européens rapatriés des colonies, de Chine ou du Maroc, lorsque leur état de santé le nécessite.

61. *Congés pour aller faire usage des eaux.* — Ces congés, dont la durée ne peut dépasser deux mois, sont délivrés par les généraux commandant les subdivisions; les demandes sont accompagnées des certificats de visite individuels spéciaux pour ces sortes de congés.

62. *Dispositions spéciales aux militaires indigènes de l'Afrique du Nord.* — Les congés et prolongations de congés de convalescence sont délivrés aux militaires indigènes dans les mêmes conditions qu'aux militaires français.

Les médecins chefs des établissements hospitaliers où sont traités des militaires indigènes de l'Afrique du Nord (sous-officiers et soldats) adressent directement au gouverneur général de l'Algérie, au résident général de Tunisie ou au commissaire résident général du Maroc suivant le cas, une note (1) pour chacun des militaires indigènes qu'ils prévoient devoir être envoyés en congé de convalescence dans leur famille et ce sans que le militaire indigène intéressé ait à provoquer une demande de la part de sa famille.

Ces militaires sont dirigés :

a) Les Algériens et les Tunisiens, sur la localité où demeure leur famille en Algérie et Tunisie, via Marseille.

Ils rejoignent, à l'expiration de leur congé, les portions centrales de leur corps en Algérie et en Tunisie, sauf toutefois ceux dont le congé ou la permission aurait été accordé à la sortie d'une formation sanitaire de la zone des armées, ceux-ci devant rejoindre directement leur corps aux armées;

b) Les Marocains, sur la localité où demeure leur famille au Maroc, via Marseille ou Bordeaux, selon les départs de paquebot. Ils rejoignent, à l'expiration de leur congé, la portion centrale des troupes marocaines à Rabat, sauf toutefois ceux dont le congé ou la permission a été accordé à la sortie d'une formation sanitaire de la zone des armées, qui doivent rejoindre directement leur corps aux armées.

Les militaires indigènes de l'Afrique du Nord qui, ayant besoin d'un congé de convalescence, ne sont pas envoyés dans leur famille en Afrique, sont dirigés :

a) Les Algériens et les Tunisiens, sur les établissements de l'Œuvre d'assistance aux convalescents des 15e, 16e, 17e et 18e régions;

b) Les Marocains, sur la Maison de convalescence des troupes marocaines de San-Salvadour (Var).

A leur sortie de ces établissements, ils rejoignent les dépôts de passage de la 15e région (Aix, pour les tirailleurs algériens; Alais, pour les tirailleurs tunisiens; Arles, pour les tirailleurs et spahis marocains; Tarascon, pour les spahis algériens et tunisiens).

____

(1) Le modèle de cette note est donné dans l'instruction générale sur l'hospitalisation et les décisions consécutives au traitement des militaires et ouvriers indigènes (n° 330 ci/7 du 25 novembre 1916).

63. DISPOSITIONS SPÉCIALES CONCERNANT LES MILI-
TAIRES EN INSTANCE DE PENSION OU DE RÉFORME N° **1.** —
Les militaires susceptibles d'être présentés pour la réforme
ou une pension de retraite, dont le dossier administratif
n'a pu être constitué durant leur séjour à l'hôpital, doivent
bénéficier d'un congé de convalescence en attendant la
présentation devant la commission spéciale de réforme.

Après leur présentation devant cette commission, ils
peuvent bénéficier d'un congé, sans limite de durée, valable
jusqu'au moment où la pension ou la gratification est con-
cédée.

Les militaires indigènes de l'Afrique du Nord qui se
trouvent dans ce cas doivent être dirigés, tout d'abord, sur
la portion centrale de leur corps en Afrique et non directement sur leurs foyers.

VIII. — Mesures communes à tous les militaires en permission ou en congé de convalescence.

64. Tous les militaires, officiers aussi bien que soldats,
titulaires d'un titre d'absence de plus de quarante-huit
heures, doivent soumettre eux-mêmes leur titre au visa
du commandant d'armes ou à celui de la gendarmerie.
Mention de cette obligation doit être portée sur les titres
d'absence délivrés, tant au front que dans la zone de l'intérieur, au lieu et place des anciennes dispositions.

65. Aucun titre de congé ou de permission ne peut être
établi pour deux ou plusieurs destinations, sauf les permissions de détente du front.

66. Les ordres de transport doivent indiquer, non seulement le point de départ et celui d'arrivée, mais l'itinéraire
par la voie la plus courte, à moins qu'un autre itinéraire
ne permette de réaliser une économie de temps particulièrement appréciable. L'autorité qui établit les ordres de
transport doit, autant que possible, indiquer elle-même cet
itinéraire sur toutes les parties de ces ordres dans la case
intitulée : « Itinéraire sur les voies ferrées. »

Les commissaires militaires des gares de départ et, à leur
défaut, les chefs de ces gares doivent compléter, le cas
échéant, la mention des gares de transit et de bifurcation
définissant l'itinéraire qui doit être suivi.

Ces dispositions sont strictement applicables aux ordres
de transport proprement dits et ne concernent pas notamment le titre spécial de permission qui fait l'objet des articles 6 à 10.

67. CLASSES OÙ PEUVENT VOYAGER LES MILITAIRES DANS
LES TRAINS DE L'EXPLOITATION. — 1° *Militaires porteurs
d'un ordre de transport.* — Ces titres donnent droit au transport gratuit dans les classes suivantes :

Officiers de tous grades : 1re classe;

Adjudants-chefs, adjudants et assimilés, aspirants : 2e classe;

Autres militaires : 3e classe.

Toutefois, les militaires qui doivent voyager en 3e classe peuvent être admis à voyager en 2e classe en payant un supplément égal à la différence entre le prix d'un billet de 2e classe au tarif militaire et le prix d'un billet de 3e classe au même tarif pour le parcours qui leur reste à effectuer au moment où ils demandent à changer de classe.

Ce déclassement n'est admis que dans les trains de voyageurs de l'exploitation, sur les parties du trajet où il n'existe pas de trains spéciaux de permissionnaires, dans lesquels le déclassement n'est pas autorisé.

2° *Militaires porteurs d'une permission du front.* — Mêmes règles que pour les militaires porteurs d'un ordre de transport, sauf que tous les sous-officiers et soldats décorés de la Légion d'honneur ou de la Médaille militaire ont droit au transport gratuit en 2e classe.

3° *Militaires payant leur place.* — Sont admis à voyager :
Les officiers : dans toutes les classes;
Les autres militaires : en 2e ou 3e classe.

68. Localités où peuvent être passés les permissions et les congés de convalescence. — *Zone de l'intérieur* (y compris la principauté de Monaco) et régions de la zone des armées situées en deçà de la ligne de démarcation pour la circulation en chemin de fer, localités situées sur cette ligne non comprises : tous les militaires qui ont obtenu une permission ou un congé de convalescence.

Les permissions ne sont accordées pour la localité demandée par les intéressés que s'ils présentent une pièce (livret individuel, certificat du commissaire de police ou déclaration de domicile légalisée par le commissaire de police) attestant qu'eux-mêmes ou leur famille (femme, enfants, ascendants, tuteur, etc.) y résident ou s'ils justifient qu'ils ont besoin d'y séjourner pendant la durée de leur permission ou encore s'ils présentent un certificat d'hébergement légalisé par le commissaire de police.

Les permissions pour Paris ne sont accordées que sous réserve des justifications qui précèdent. Toutefois, les militaires peuvent y passer leur permission s'ils justifient qu'ils possèdent les ressources suffisantes pour y subsister.

Les militaires qui ne peuvent passer leur permission dans leur famille peuvent être reçus dans les œuvres agréées par le Cabinet du ministre et notamment :

a) Originaires des régions envahies : à l'œuvre des « Parrains de Reuilly », 20, rue de Reuilly;

b) Originaires des colonies : au « Foyer colonial », bastion 84, boulevard Kellermann;

c) Résidents ou originaires de l'Amérique latine ou des pays d'outre-mer : au « Foyer des Mobilisés venus de l'Amérique latine et des pays d'outre-mer », 15, rue Aubér;

d) Militaires des troupes coloniales, des régiments étrangers et bataillons d'infanterie légère d'Afrique : au « Secours de guerre », 9, place Saint-Sulpice (1) ;

e) Divers : à la « Cantine-Refuge du 6ᵉ arrondissement », 16, rue de l'Abbaye ;

A l' « Œuvre des poilus permissionnaires sans famille », 53, rue Lafayette.

A leur retour de permission, ils doivent présenter, sous peine de punition grave, un certificat d'hébergement de l'œuvre qui les a reçus.

Remarque. — Pour se rendre dans certains cantons frontières des 16ᵉ et 18ᵉ régions, il faut l'autorisation spéciale du commandant de l'arrondissement de gendarmerie, délégué du général commandant la région.

Le général commandant en chef l'armée d'Orient accorde pour les militaires de l'armée d'Orient et de Corfou toutes les permissions pour le territoire français, quelle que soit la localité où se rend le permissionnaire.

69. LOCALITÉS DE LA ZONE DES ARMÉES SITUÉES AU DELA DE LA LIGNE DE DÉMARCATION POUR LA CIRCULATION EN CHEMIN DE FER OU SUR CETTE LIGNE ET EN DEÇA DE LA LIMITE INDIQUÉE A L'ANNEXE Nº 2. — Tous les militaires qui ont obtenu un congé de convalescence et tous les permissionnaires autres que les permissionnaires de vingt-quatre heures (dimanches et jours fériés).

70. LOCALITÉS DU TERRITOIRE FRANÇAIS AU DELA DE LA LIMITE INDIQUÉE A L'ANNEXE Nº 4. — *a*) Militaires proposés pour une pension ou pour la réforme nº 1 par une commission spéciale de réforme et mis en congé de convalescence en attendant leur radiation définitive des contrôles ;

b) Exceptionnellement, et avec l'autorisation du général commandant en chef, les permissionnaires autres que ceux de vingt-quatre heures dont la famille réside au delà de cette limite.

71. CORSE, ALGÉRIE, TUNISIE ET MAROC (Y COMPRIS TANGER). — Militaires qui ont obtenu un congé de convalescence et tous les permissionnaires autres que ceux de vingt-quatre heures (Voir Circ. 23 oct. 1916, *B. O.*, P. S.-P., p. 829, annexe nº 2).

Les permissions ne sont accordées pour la localité demandée par les intéressés que s'ils présentent une pièce (livret individuel, certificat du commissaire de police ou déclaration de domicile légalisée par le commissaire de police) attestant qu'eux-mêmes ou leur famille (femme, enfants, ascendants, tuteur, etc.) y résident ou encore pour des motifs particulièrement sérieux dont les intéressés ont à justifier.

---

(1) Ces œuvres peuvent également recevoir des permissionnaires appartenant à d'autres catégories.

Les militaires français et indigènes des corps d'Algérie, Tunisie, Maroc, en permission d'une semaine après blessure ou maladie ou en congé de convalescence dans la colonie ou le protectorat, rejoignent à l'expiration de leur congé ou permission les portions centrales de leur corps en Algérie, en Tunisie ou au Maroc (et non les dépôts de passage en France), sauf toutefois ceux dont le congé ou la permission a été accordée à la sortie d'une formation sanitaire de la zone des armées; ceux-ci doivent rejoindre directement leur corps aux armées.

Les militaires français et indigènes du corps d'Algérie, Tunisie, Maroc, en permission à tout autre titre dans la colonie ou le protectorat, rejoignent directement leur point de départ, à l'expiration de leur permission.

72. Dans aucun cas, les militaires indigènes ne doivent être envoyés en congé ou permission dans les familles françaises.

73. Colonies françaises autres que l'Algérie, la Tunisie et le Maroc. — Dans les conditions fixées par la circulaire du 9 décembre 1916 (*B. O.*, p. s.-p., p. 915).

Ces permissions sont accordées par les chefs de corps ou de services.

Les militaires autorisés à jouir dans leur colonie d'origine du congé de convalescence qui leur a été concédé peuvent, si leur état de santé le nécessite, être affectés, à l'expiration de leur congé, à un corps de troupe stationné dans la colonie, par décision du commandant supérieur des troupes, qui apprécie également s'ils peuvent ultérieurement être envoyés en France.

En cas d'affectation dans la colonie, avis de cette décision doit être porté d'extrême urgence, par le commandant supérieur, à la connaissance du général commandant en chef ou du général commandant la région suivant le cas.

74. Grande-Bretagne. Italie. — Permissions de détente et congés de convalescence, lorsque les titulaires sont porteurs d'une pièce authentique justifiant qu'ils ont leur résidence ou leur famille dans ces pays (femme ou enfants, ascendants, tuteurs, etc.).

Les autorisations de cette nature sont accordées aux armées par les généraux délégués, à l'intérieur par les généraux commandants de région.

Ces militaires doivent passer par Boulogne-sur-Mer, Le Havre, Cherbourg et Saint-Malo pour se rendre en Angleterre, Écosse ou Irlande, par Saint-Malo ou Granville pour se rendre aux îles anglo-normandes et par Modane ou Vintimille pour se rendre en Italie.

Les permissionnaires pour l'Angleterre, l'Écosse ou l'Irlande doivent être dirigés sur le port le plus voisin du point de départ. Ils doivent faire viser leur titre d'absence, à l'aller et au retour, par le commandant d'armes du port où ils s'embarquent ou son délégué, ou par le commissaire militaire de la gare de Modane ou de Vintimille.

La durée de la permission ne compte que de l'arrivée soit au port d'embarquement, soit à Modane ou Vintimille.

Les permissionnaires ont droit au transport gratuit par voie ferrée jusqu'au port d'embarquement ou jusqu'à la gare frontière, ainsi que sur les paquebots et sur les chemins de fer d'Angleterre, d'Écosse et du pays de Galles.

Sur les chemins de fer italiens, les permissionnaires ont droit au tarif militaire sur présentation au guichet des gares d'un ordre spécial modèle B. Ces ordres modèle B sont délivrés directement aux intéressés, sur le vu de leur titre de congé, par l'officier italien de service à la gare de Modane ou de Vintimille. Ils peuvent être également fournis aux chefs de corps ou d'établissements militaires sur leur demande écrite adressée au chef de la section italienne du Bureau interalliés (282, boulevard Saint-Germain, Paris).

75. Suisse, Espagne et autres pays étrangers. — Permissions accordées dans les conditions fixées par la circulaire du 23 octobre 1916 (*B. O.*, P. S.-P., p. 829) et par la note du général commandant en chef nº 24221 du 23 octobre 1916 (Voir annexe nº 1).

Les autorisations de se rendre en Suisse, Espagne, Portugal, au cours d'un congé de convalescence, sont accordées par les généraux délégués par les généraux commandants de régions.

Pour les autres pays étrangers, ces autorisations sont accordées par le ministre (Cabinet du ministre, 2e Bureau).

Les autorisations de séjourner à l'étranger accordées par les généraux délégués et les généraux commandants de régions donnent lieu à l'établissement d'un compte rendu qui ne doit être adressé qu'à l'État-major de l'armée (2e et 5e Bureaux).

76. Les militaires en permission à l'étranger doivent se présenter à l'attaché militaire ou à l'agent consulaire, s'ils sont en permission dans la ville où résident ces autorités ou à proximité, ou bien les aviser de leur résidence dans le cas contraire.

En particulier, les permissionnaires à destination des pays étrangers outre-mer doivent faire viser leur titre de permission, tant à l'aller qu'au retour, par le consul du port de débarquement.

Pour se rendre dans les pays neutres, ils doivent revêtir la tenue civile.

IX. — Autres dispositions.

Sont annulées les dispositions antérieures contraires à celles de la présente instruction.

La présente instruction doit être portée à la connaissance des commandants d'armes, commandants de dépôts, sous-intendants, chefs de légion de gendarmerie, commandants de brigade de gendarmerie, commissaires de gare et médecins chefs des formations sanitaires. A cet effet, le nombre d'exemplaires nécessaire sera adressé.

ANNEXE N° 1

Grand quartier général; État-major; 1ᵉʳ Bureau.

Note du 28 septembre 1916, n° 23026.

À partir du 1ᵉʳ octobre prochain, les militaires des armées, ainsi que ceux des régions stationnées au delà de la ligne de démarcation pour la circulation en chemin de fer, pourront bénéficier de trois permissions de sept jours par an (délais de route non compris).

Les chefs de corps et de service prendront leurs dispositions pour que chaque militaire parte en permission, dans la mesure où les circonstances militaires le permettront, une fois par période de quatre mois.

Il leur appartiendra à cet effet de déterminer le nombre des permissions qui pourront être accordées simultanément, en se basant, d'une part, sur la situation militaire dans laquelle leurs unités se trouvent, d'autre part, sur l'état d'avancement des tours de permission. Sans autorisation spéciale, ils pourront aller jusqu'à 13 % de permissionnaires (1).

Sur autorisation spéciale du général commandant l'armée, le pourcentage pourra être porté de 13 à 25 %, de manière à profiter des périodes de repos pour accélérer les envois en permission dans les unités qui, par suite des circonstances militaires, auraient eu leur tour retardé.

Dans des cas très exceptionnels où il serait nécessaire de dépasser le taux de 25 %, la fixation de ce taux sera soumise à la décision du général commandant en chef.

En conséquence, tout chef de corps, au moment où sa troupe sera retirée de l'action et à tout autre moment si la nécessité s'en fait sentir, rendra compte à l'échelon supérieur de sa situation exacte au point de vue des permissions et fera toute proposition qu'il jugera nécessaire.

Il ne sera apporté aucune modification aux dispositions en vigueur pour l'inscription sur les listes de départ des unités. Les tours actuellement établis seront continués, mais sur le taux de sept jours par bénéficiaire.

---

(1) À titre d'indication, dans une unité d'un effectif de 100 hommes, dans laquelle les permissions pourraient être accordées sur le même taux pendant toute l'année, ce taux serait de 9 % de l'effectif pour une absence moyenne de trois permissions de sept jours (délais de route moyens de quatre jours non compris).

Si les circonstances exigeaient de n'accorder que 2 % pendant cinq mois, le taux serait, pendant les sept autres mois, de 13 %.

Deux jours de supplément seront accordés comme par le passé aux militaires qui seront l'objet d'une citation (une seule fois par citation) et à ceux qui pourront prouver par certificat du maire, qu'ils doivent se marier au cours de la permission.

Les permissions à titre exceptionnel continueront à être accordées d'après les règles établies.

J. Joffre.

Des instructions complémentaires seront adressées ultérieurement pour l'envoi en permission en Corse, Algérie, Tunisie et Maroc, ainsi qu'en Grande-Bretagne et dans les pays nécessitant un transport en mer.

Grand quartier général; État-major; 1er Bureau.

Note du 28 octobre 1916, n° 24222.

Comme suite à la note n° 23026 du 28 septembre 1916, je vous adresse, ci-joint, une note relative à la suspension des permissions et une note concernant l'envoi en permission dans les colonies, la Corse et les pays étrangers.

Ainsi que le ministre l'a fait connaître par une circulaire du 25 octobre 1916, les permissions, en raison de la durée de la guerre, doivent être considérées non pas seulement comme une récompense, ainsi que cela a lieu en temps de paix, mais bien comme un repos nécessaire à l'homme auquel elles sont accordées; elles ont aussi pour but de lui permettre de remplir ses devoirs vis-à-vis de sa famille, pour laquelle elles sont un puissant réconfort; leur sérieuse administration est par cela même indispensable à la bonne tenue morale du pays.

Il importe donc non seulement que les permissions soient distribuées largement, mais qu'elles le soient surtout avec équité.

Dès lors l'octroi des permissions doit être assimilé à une allocation réglementaire, identique pour les officiers et pour la troupe; nul ne doit être privé de cette allocation et aucune autorité n'a le droit d'accorder de permissions au delà des taux fixés.

Cette règle ne devra pas être perdue de vue et des sanctions très sévères seront prononcées contre ceux qui accorderaient ou prendraient des permissions en sus de celles prévues par les circulaires du 28 septembre et du 23 octobre.

Le pourcentage des permissionnaires devra être calculé de façon que tous les officiers et hommes de troupe aient bénéficié d'une permission de sept jours avant le 1er février 1917, ou, s'ils se rendent en Corse, Algérie, Tunisie, Maroc,

Grande-Bretagne, Portugal, d'une permission de onze jours avant le 1er avril 1917.

D'autre part, je vous rappelle que :

1° Les permissions exceptionnelles ne sont accordées que pour les cas suivants et pour une durée strictement limitée à la cause les ayant motivées :

a) Soit pour décès ou maladie grave de père, mère, femme, enfant ou frère blessé à l'ennemi ou mort pour la France;

b) Soit pour mariage ou naissance d'enfant;

c) Soit pour revoir des parents (père, mère, femme, enfant) de retour de captivité ou évacués des régions envahies.

Les bénéficiaires de ces permissions devront obligatoirement fournir, à leur retour à l'unité, un certificat de la gendarmerie attestant la réalité du fait qui a motivé l'octroi d'une permission à titre exceptionnel;

2° Tout militaire des armées, malade ou blessé, sortant des formations sanitaires (ambulances divisionnaires et de corps d'armée exceptées) de la zone des armées, que ces formations soient situées en deçà ou au delà de la ligne de démarcation pour la circulation en chemin de fer, a droit à une permission de sept jours, à titre de convalescence, étant entendu que cette permission ne supprime en aucun cas l'allocation réglementaire de « sept jours ».

Les militaires sortant des ambulances divisionnaires et de corps d'armée pourront obtenir des permissions de sept jours à titre exceptionnel, si les médecins chefs de ces formations jugent utile de les faire bénéficier de cette mesure en raison de leur état de santé.

Ces prescriptions ne sont pas applicables aux hommes admis dans les dépôts d'éclopés.

Je vous prie de porter ces dispositions à la connaissance des autorités militaires sous vos ordres et de veiller à leur stricte application.

J. JOFFRE.

Grand quartier général; État-major; 1er Bureau.

Note du 28 octobre 1916, n° 24221.

Les militaires des armées, ainsi que ceux des régions stationnées au delà de la ligne de démarcation pour la circulation en chemin de fer, pourront obtenir des permissions, *pour les pays autres que la Métropole,* dans les conditions suivantes :

1° *Italie, Suisse, Espagne.* — Trois permissions de sept jours par an.

2° *Corse, Algérie, Tunisie, Maroc, Grande-Bretagne, Portugal.* — Deux permissions de onze jours par an.

3° *Colonies françaises, autres que l'Algérie, Tunisie et Maroc.* — Des dispositions spéciales seront envoyées ultérieurement en ce qui concerne les permissions à destination de ces colonies.

4° *Pays étrangers autres que ci-dessus.* — Une permission de vingt et un jours par an.

Les permissions pour la Corse, Algérie, Tunisie et Maroc seront accordées par les chefs de corps et de service dans les conditions actuellement en vigueur.

Celles pour la Grande-Bretagne, l'Italie, le Portugal, la Suisse et l'Espagne par le général commandant en chef, par délégation du ministre.

Celles pour les autres pays étrangers par le ministre, à qui les demandes seront adressées, par la voie hiérarchique, sous le timbre « Cabinet, 2ᵉ Bureau ».

Les demandes pour l'Italie, la Grande-Bretagne et le Portugal devront être accompagnées d'une pièce authentique justifiant que les intéressés y ont leur famille.

Celles pour les autres pays étrangers d'un certificat du consul justifiant que les familles des intéressés y habitent et garantissant de leur loyalisme.

Conditions de transport. — La gratuité du voyage en chemin de fer et, le cas échéant, en paquebot, pour une destination unique, sera accordée à tous les militaires : 1° jusqu'à destination pour les permissionnaires se rendant en Corse, Algérie, Tunisie et au Maroc; 2° jusqu'au port de débarquement, pour les permissionnaires se rendant à l'étranger.

En ce qui concerne ces derniers, des instructions seront données aux consuls en vue de faire obtenir aux permissionnaires nécessiteux la gratuité ou les réductions possibles des frais de transport, entre le port de débarquement et la gare destinataire.

Les militaires qui bénéficieront annuellement de deux permissions de onze jours ou d'une permission de vingt et un jours continueront à être inscrits à leur place sur les listes de départ. Ils ne pourront partir qu'à leur tour; toutefois, le départ de ceux qui auront à effectuer un trajet par mer pourra être retardé ou avancé d'un certain nombre de jours, de manière à leur éviter une attente prolongée dans un port d'embarquement.

Prière de donner toutes instructions nécessaires.

J. JOFFRE.

Grand quartier général; État-major; 1er Bureau.

Note du 28 octobre 1916, n° 24219.

La question a été posée de savoir si des suspensions de permission pouvaient être actuellement prononcées, conformément aux dispositions de la circulaire 7736 du 12 août 1915.

L'exclusion momentanée du bénéfice des permissions doit être considérée comme une sanction très sévère. Elle ne doit donc être prononcée que dans des cas très graves.

Afin d'éviter que des divergences d'interprétation ne se produisent dans l'application d'une telle mesure, il y aura lieu de se conformer à l'avenir aux dispositions suivantes :

1° La suspension de permission ne sera prononcée que contre les militaires ayant encouru des « punitions exceptionnelles » visées par l'article spécial du service intérieur. La durée de la suspension sera d'un nombre de jours égal à celui de la punition;

2° La suspension de permission sera levée pour tout militaire ayant été l'objet d'une citation;

3° Les militaires présents au front après condamnation et suspension d'exécution de peine seront inscrits normalement sur les listes de départ, mais leurs chefs de corps ou de service pourront toujours suspendre leur envoi en permission si leur conduite et leur manière de servir ne donnent pas entière satisfaction. Ils rendront compte au commandant de corps d'armée de la mesure prise;

4° Les militaires affectés aux sections de discipline divisionnaires ne bénéficieront d'aucune permission tant qu'ils en feront partie. En les quittant, ils seront inscrits sur la liste de départ de leur nouvelle unité, compte tenu en leur faveur du temps écoulé depuis leur dernière permission jusqu'à leur entrée à la section;

5° Les militaires sous le coup d'une punition de prison, et pour qui serait arrivée la date de départ en permission, ne jouiront de celle-ci qu'à l'expiration de leur punition;

6° Les militaires qui, sans motif valable, auront dépassé la durée de leur permission, auront leur permission suivante diminuée d'un nombre de jours égal au nombre de jours de retard, sans préjudice des sanctions disciplinaires à intervenir.

Prière de donner toutes instructions nécessaires.

J. JOFFRE.

ANNEXE N° 2

LIGNE LIMITE DES LOCALITÉS QUE NE PEUVENT DÉPASSER
QUE LES PERMISSIONNAIRES INDIQUÉS A L'ARTICLE 70

Elle est délimitée par la frontière française jusqu'à la
limite est du canton de Bailleul, la limite est de ce canton,
des communes de Neuf-Berquin et Merville, du canton de
Lillers, des communes de Chocques, La Beuvrière, Lapu-
gnoy, Marles, Bruay, Houdain, Ranchicourt, Gauchin-
Légal, Gaucourt, Villerschâtel, Aubigny, Tilloy-lès-Herma-
ville, Izel-lès-Haneaux, limite est du canton d'Avesnes-
le-Comte, des communes de Warlincourt-lès-Pas, Pas-
en-Artois, Louvencourt, Acheux, Varennes, Harponville,
Warloy-Baillon, Baizieux, Ribemont-sur-l'Ancre, Sailly-le-
Sec, Sailly-Lorette, limite est des cantons de Corbie et de
Moreuil, des communes de Boussicourt, Fignières, Etelfay,
Faverolles, Piennes, Rollot, Mortemer, Cuvilly, Courna-
sur-Abondes, Mouchy-Humières, Baugy, limite nord du
canton de Compiègne, des communes de Janville, Choisy-
au-Bac, Rethondes, Trosly-Breuil, Cuise-la-Motte, Croutoy,
Montigny-l'Engrain, Cutry, Missy-aux-Bois, Ploisy, limite
nord du canton d'Oulchy-le-Château, des communes de
Cerseuil, Lime, Paars, Vauxcère, Blanzy-lès-Fismes, limite
nord du canton de Fismes, de la commune de Guyancourt,
puis du canton de Fismes, des communes de Muizon, Thil-
lois, Ormes, Bezannes, Champfleury, Montbre, Ludes,
Mailly-Champagne, Verzenay, Verzy, puis une ligne qui,
rejoignant la voie ferrée Reims—Verdun à hauteur de
Sept-Vaux, la suit jusqu'à Verdun, la Meuse entre Verdun et la limite de l'arrondissement de Commercy, cette
limite nord, puis la ligne Courouvre-Pierrefitte, Baudre-
mont, Lignières (ces localités incluses), la limite nord des
cantons de Ligny et Commercy, la Meuse jusqu'à Commercy, la limite nord des cantons de Euville, Aulnoy-
sous-Vertuzey, Boucq, Sanzey, Royaumeix, Tremblecourt,
Rogéville, Villiers-en-Haye, la ligne de Ville-au-Val, Jean-
delaincourt, Moivron, Champenoux, Hoéville, Serres, Val-
hey, Bauzemont, Crion, Sionviller, Croismare, Marainviller
(ces localités incluses), le cours de la Verdurette jusqu'à
Vacqueville, Raon-l'Étape, la Meurthe jusqu'à la frontière, la frontière jusqu'à la Suisse.

Tableau synoptique des permissions.

TABLEAU I

Armées du Nord et du Nord-Est.	Permissions de détente.	21 jours par an à prendre en une, deux ou trois fois suivant la destination. Gratuité du voyage. Solde.
Région de la zone des armées situées au delà de la ligne de démarcation pour la circulation en chemin de fer y compris les localités situées sur cette ligne.	Permissions d'une semaine dites de convalescence.	Gratuité du voyage. Solde. Indemnité représentative de vivres.
	Permissions agricoles.	Gratuité du voyage. Solde pendant 7 jours.
	Permissions exceptionnelles.	Gratuité du voyage.
Armée d'Orient et de Corfou	Permissions de détente.	21 jours par an en une fois. Gratuité du voyage. Solde.
Maroc.	Permissions de détente.	21 jours par an en une fois. Gratuité du voyage. Solde.
Régions de la zone de l'intérieur et région de la zone des armées situées en deçà de la ligne de démarcation pour la circulation en chemin de fer.	Permissions de détente.	21 jours par an à prendre en une, deux ou trois fois suivant la destination. Gratuité du voyage.
	Permissions de 24 heures.	Dimanches et jours fériés. Quart militaire.
	Permissions d'une semaine.	Gratuité du voyage. Solde. Indemnité représentative de vivres.
	Permissions agricoles.	Gratuité du voyage.
	Permissions exceptionnelles.	Gratuité du voyage.

TABLEAU II

Congés de convalescence.

	Destination demandée par les bénéficiaires de congés	Durée des congés supprimant l'allocation de la permission de détente
Armées du Nord et du Nord-Est.	Intérieur	Supérieur à 15 jours.
	Italie, Suisse, Espagne.	Supérieur à 15 jours.
	Corse, Algérie, Tunisie, Maroc, Grande-Bretagne, Portugal.	Supérieur à 30 jours.
	Colonies.	Égal ou supérieur à 2 mois.
	Autres pays. . . .	Égal ou supérieur à 2 mois.
Armée d'Orient et de Corfou.	Europe, Égypte, Afrique du Nord.	Supérieur à 30 jours.
	Autres pays. . . .	Égal ou supérieur à 2 mois.
Maroc.	Europe	Supérieur à 30 jours.
	Autres pays. . . .	Égal ou supérieur à 2 mois.

Circulaire
relative à la concession des permissions de détente en 1917.

Paris, le 29 janvier 1917.

Comme suite à la circulaire n° 21188 K du 23 octobre 1916 qui avait prévu l'octroi à tous les officiers et hommes de troupe de permissions de sept jours (délais de route non compris) avant le 1er février 1917, le ministre prescrit que ces permissions continueront à être accordées dorénavant dans les mêmes conditions, dans chaque période de quatre mois à partir du 1er février 1917.

Les militaires n'ayant pu, par suite de circonstances imprévues, obtenir la permission de sept jours à laquelle ils ont droit avant le 1er février 1917, devront en bénéficier dans le plus bref délai possible, étant entendu qu'ils conservent leur droit à l'allocation réglementaire prévue pour la nouvelle période de quatre mois s'étendant jusqu'au 1er juin 1917.

Circulaire relative aux permissions à accorder aux militaires originaires des colonies françaises autres que l'Algérie-Tunisie-Maroc.

Paris, le 6 février 1917.

Le ministre a décidé que le bénéfice des dispositions du paragraphe 1 de la circulaire du 9 décembre 1916 (*B. O., P. S.-P.,* p. 915) sera accordé aux militaires soumis à la loi de recrutement, originaires des colonies autres que l'Algérie, la Tunisie ou le Maroc, ou qui y avaient leur domicile légal avant la mobilisation (à l'exclusion des fonctionnaires coloniaux envoyés de la Métropole ou d'une autre colonie), lorsqu'ils justifieront d'au moins dix-huit mois de présence sous les drapeaux tant en Europe qu'en Algérie, Tunisie et Maroc.

Les titres de permission des intéressés seront transmis au ministre (8e Direction; 4e Bureau) dans les conditions prévues par l'instruction du 25 décembre 1916, en vue de la fixation de la date d'embarquement.

Les départs qui auront lieu sur les paquebots réguliers suivant le nombre de places disponibles seront, en raison des nécessités militaires, suspendus à partir du 10 mars et jusqu'à nouvel ordre.

TABLE DES MATIÈRES

NANCY, IMPRIMERIE BERGER-LEVRAULT — MARS 1917

LIBRAIRIE MILITAIRE BERGER-LEVRAULT

PARIS, 5-7, rue des Beaux-Arts — rue des Glacis, 18, NANCY

La Tenue des Pièces matricules pendant la guerre. D'après les prescriptions réglementaires et les ordres ministériels, par F. C., ancien major en retraite. 1916. Volume in-8, cartonné . . . . **2 fr.**

Manuel de la Comptabilité en campagne, *pour les Compagnies, Batteries, Escadrons.* D'après le décret du 10 juin 1899, modifié par les décisions présidentielles des 4 août 1889 et 3 juin 1903, et le décret du 14 février 1905. Mis à jour jusqu'au 22 novembre 1915. 2e mille. 1916. Volume in-8 étroit, cartonné . . . . **2 fr.**

La Procédure aux Armées. *Manuel à l'usage des parquets militaires,* Suivi de notions de comptabilité, par Marcel BRAIBANT, docteur en droit, juge suppléant, officier greffier de réserve. 1916. Volume in-8, cartonné. **3 fr.**

Organisation générale de l'Armée française, par le lieutenant J. OERTLÉ. 1916. Volume in-8 étroit, avec de nombreuses figures schématiques. **75 c.**

L'Entretien des armées, par le lieutenant-colonel BOISSONNET. 1908. Grand in-8, 30 pages, broché . . . . **1 fr. 25**

Conférences sur l'Administration militaire, faites à l'École supérieure de guerre par Ch. CRETIN, sous-intendant militaire, professeur à l'École supérieure de guerre. 1889. Un volume grand in-8, broché. Avec un *Appendice* contenant les modifications survenues jusqu'au 1er octobre 1892 . . . **10 fr.**

Traité de la Comptabilité publique, étudiée au point de vue des dépenses, et principalement des dépenses du département de la Guerre, par V. REMY, sous-intendant militaire, docteur en droit. 1894. Un volume in-8 de 631 pages, broché . . . . **12 fr.**

Aide-mémoire du Payeur en campagne (*Trésorerie et Postes aux armées*), par DESMAZE, payeur général, et FRÉMONT, payeur particulier. 1901. Un volume in-12 de 224 pages, avec figures et 7 planches en couleurs, relié en percaline souple, tranches rouges, avec élastique . . . . **5 fr.**

Service en Campagne pratique *et Administration et Comptabilité d'un petit détachement en campagne,* à l'usage des gradés de cavalerie, par le lieutenant FERRY, du 8e rég. de dragons. 1911. In-16, avec 15 croquis, br. **75 c.**

Guide pratique de l'Officier d'Habillement dans les corps de troupe, par C. MAZZUCHELLI. 1911. Brochure in-8 étroit . . . . **1 fr. 25**

Notions d'Hygiène militaire, à l'usage des officiers, des sous-officiers candidats officiers et des élèves officiers de réserve, par le Dr L. ARNAUD, médecin-major de 1re classe. 1912. Un volume in-18, avec 22 croquis et 2 planches, broché . . . . **2 fr.**

L'Alimentation des Armées dans les Guerres modernes, par BOURDAIRE, sous-intendant militaire. 1914. Un volume grand in-8, broché. **2 fr. 50**

Achat et Expertise de la viande dans l'Armée, par le capitaine H. LANG. Préface du Dr BONNETTE, médecin-major de 1re classe, lauréat de l'Institut. 1913. Un volume in-8 étroit, avec 18 figures, cartonné . . . . **2 fr. 50**

Comment améliorer sans frais le bien-être du soldat. *Petits aménagements. Pratique de l'hygiène. Détails du fonctionnement d'une coopérative,* par C. TRIBOUT, capitaine commandant au 20e régiment d'artillerie. 1910. In-8, avec 43 figures, broché . . . . **1 fr. 75**

L'Ordinaire pratique, par A. BILLARD, lieutenant au 8e bataillon de chasseurs à pied. 1903. In-18, avec figures, cartonné . . . . **50 c.**

Petite Méthode pratique pour la Cuisine de la troupe en campagne (*Compagnie de 250 hommes*). 1915. In-8 étroit . . . . **25 c.**

Livre de cuisine militaire aux manœuvres et en campagne (*Administration et comptabilité intérieures des corps de troupe. Ordinaires*). Volume arrêté à la date du 7 juillet 1909. In-8, 44 pages, cartonné . . . . . . **60 c.**

Agenda militaire Berger-Levrault pour 1917. *Carnet de poche à l'usage des officiers et des sous-officiers de toutes armes.* Volume in-16 sur papier mince, de 424 pages, reliure souple avec bande élastique. . . . . . . **2 fr.**

NANCY, IMPRIMERIE BERGER-LEVRAULT